„Beteiligt
euch
es geht
um eure
Erde"

Erika-Mann-Ausstellung
in der U-Bahn-Galerie München

Bezirksausschuss Maxvorstadt

Inhalt

3 Vorwort

7 **„Es ist also ein Mädchen"**
Kindheit

13 **„Spaß am Spiel ..."**
Jugendjahre
Kinderbuchautorin

17 **„... Ernst im Spiel"**
Schatten über der Jugend

21 **„Waren wir doch Teile voneinander"**
Die Geschwister Erika und Klaus

25 **„Wir spielten gegen ihn an"**
Kabarett Die Pfeffermühle

33 **„Politik wurde zur Feuerprobe in dieser Bindung"**
Verhältnis zum Vater zu Beginn des Exils

37 **„...bin ich irgendwo beinahe zu Hause"**
Exil

41 **„Nun ist es doch aber ganz einfach mein Beruf"**
Korrespondentin
Kriegsberichterstatterin
Prozessbeobachterin

45 **„Ich bin nur noch ein bleicher Nachlassschatten"**
Arbeit für den Vater und den Bruder
Autorin

51 Biografie
56 Bibliografie

59 Anhang
Brigitte Schuchard
Zur Eröffnung der Erika-Mann-Ausstellung
in der U-Bahn-Galerie München am 21.11.2005

64 Impressum

Vorwort
Klaus Bäumler

Im Münchner Stadtbezirk Maxvorstadt entstand zwischen Hackerbrücke und Donnersbergerbrücke auf dem ehemaligen Bahngelände ein neues Viertel, dessen Namensgebung auf eine Anregung des Bezirksausschuss Maxvorstadt zurückgeht. Der Name „Arnulfpark" steht zum einen für den unmittelbaren Bezug zur Arnulfstraße, zum anderen für die zentrale Grünfläche mit ca. 40.000 qm und das Baugebiet selbst. Damit kommt zum Ausdruck, dass der Park als grüner Mittelpunkt den Charakter des gesamten Baugebiets prägen soll. In den Jahren 1997/1998 begannen die planerischen Überlegungen für die Umnutzung des ehemaligen Containerbahnhofs als Teil der „Zentralen Bahnflächen Münchens" in einem engen Abstimmungsprozess zwischen der Stadt München, der Vivico Real Estate als Grundstückseigentümerin und den betroffenen Bezirksausschüssen als Vertretung der örtlichen Bürgerschaft. Im Rahmen der kooperativen Planung wurde versucht, den Anspruch, der aus dem Münchner Slogan „Kompakt, Urban, Grün" für die neue Qualität in der Stadtplanung folgt, umzusetzen. In der Zwischenzeit sind die Wohnungen am Park weitgehend fertig gestellt, die Bürogebäude zum Teil bereits bezogen. Ein neues Quartier fügt sich so in den Stadtgrundriss, neues urbanes Leben ist im Wachsen. Ob das „Neugeborene" den Anspruch seiner „Eltern" zu erfüllen vermag, wird sich erst nach Jahren des „Wachsens" und „Zusammenwachsens" zeigen. Auch vom sozial-aktiven Engagement der Menschen, die hier in Zukunft wohnen und arbeiten, hängt es ab, ob das Quartier „Arnulfpark" ein Ort urbanen Lebens mit einer individuellen „urbanen Seele" wird.

In diesem Sinne freuen wir uns sehr, dass es uns mit maßgeblicher Hilfe der Vivico Real Estate gelungen ist, diese Broschüre über Erika Mann zu realisieren. Denn mit den Straßennamen für das neue Quartier soll eine Brücke zur Kultur- und Zeitgeschichte der Stadt München gebaut werden. Und diese Broschüre soll dazu beitragen, dass die NeubürgerInnen im Arnulfpark ihren neuen Wohn- und Lebensbereich „entdecken" und sich mit der Bedeutung der Straßennamen vertraut machen.

Mit der Namensgebung Erika-Mann-Straße und Klaus-Mann-Platz im Bauquartier „Arnulfpark" folgte der Stadtrat der Landeshauptstadt München den Vorschlägen unseres Gremiums. Aktueller Anlass waren der 100. Geburtstag von Erika Mann (9. November 1905) und Klaus Mann (18. November 1906).
Unsere Vorschläge beruhen darauf, dass Auswahl von Straßennamen Zeichen für das politische Bewusstsein einer Ära sind. Erinnern und Gedenken im öffentlichen Raum vollziehen sich primär auf diese Weise und lassen einen Rückschluss auf das zeitspezifische kollektive Gedächtnis zu. Nach den städtischen Kriterien sollte an jene Menschen erinnert werden, deren Namen auf den Straßenschildern unserer Stadt noch fehlen und zu Recht vermisst werden. Es sind dies u.a. die Namen derer, die durch ihren Widerstand gegen die nationalsozialistische Gewaltherrschaft, gegen Krieg und Diktatur Beispiel und Vorbild gegeben haben.

Dieses Kriterium ist bei Erika und Klaus Mann in herausragender Weise erfüllt. München ist für beide, ebenso wie für Thomas und Katia Mann, ein besonderer Schicksalsort. Klaus Mann beginnt 1941 seinen Entwurf für das Werk „Wendepunkt" mit den entscheidenden Worten: „Exile began in Munich". Ja, das Exil für die Geschwister Mann begann in München am 13. März 1933. Wenige Tage zuvor, am 9. März, hatten die Nationalsozialisten am Rathausturm die Hakenkreuz-Fahne gehisst. Erika und Klaus Mann hatten daher gute Gründe ihre Vaterstadt zu verlassen.
Erika Mann war bereits 1932 in das Visier der Nationalsozialisten geraten. Nach ihrem ersten politischen Auftritt bei der Internationalen Frauenversammlung für Frieden und Abrüstung war im „Völkischen Beobachter" zu lesen: „Ein besonders widerliches Kapitel stellte das Auftreten Erika Manns dar, die als Schauspielerin wie sie sagte, ihre ´Kunst´ dem Heil des Friedens widmete... Das Kapitel ´Familie Mann´ erweitert sich nachgerade zu einem Münchner Skandal, der auch zu gegebener Zeit seine Liquidierung finden muß".

Die angekündigte „Liquidierung des Münchner Skandals um die Familie Mann" begann Anfang April 1933:
Die Münchner Rotarier schlossen ihr hochangesehenes Gründungsmitglied Thomas Mann aus ihrer Vereinigung aus.

Einige Wochen später initiierte der Münchner Staatsoperndirektor und Dirigent Hans Knappertsbusch mit rotarischen Freunden den üblen „Protest der Richard-Wagner-Stadt München" gegen Thomas Mann. Herausragende Vertreter der Münchner Bürgerschaft aus Wirtschaft, Kultur, Kunst und Wissenschaft solidarisierten sich in einer gemeinsamen Aktion mit den neuen Machthabern des NS-Regimes, um Thomas Mann und seine Familie auszugrenzen, zu isolieren und zu diffamieren. Thomas Mann sah darin eine lebensgefährdende „nationale Exkommunikation" und kehrte nach einer Vortragsreise und einem anschließenden Winterurlaub in der Schweiz nicht nach München zurück.

Wie verhasst Klaus Mann nach wenigen Monaten seiner schriftstellerischen Aktivitäten im Exil war, beweist ein Dokument, das an Perfidie kaum zu überbieten ist. Im Oktober 1933 schreibt der Münchner Schriftsteller Hanns Johst, der sich in den Zwanziger Jahren noch zum Freundeskreis der Familie Mann zählte, an Heinrich Himmler:

„In Amsterdam erscheint das derzeit unflätigste Emigrantenblatt „Die Sammlung"... Als Herausgeber zeichnet der hoffnungsvolle Spross des Herrn Thomas Mann, Klaus Mann. Da dieser Halbjude schwerlich zu uns herüber wechselt, wir ihn also leider nicht auf's Stühlchen setzen können, würde ich in dieser wichtigen Angelegenheit doch das Geiselverfahren vorschlagen. Könnte man nicht vielleicht Herrn Thomas Mann, München, für seinen Sohn ein wenig inhaftieren? Seine geistige Produktion würde ja durch die Herbstfrische in Dachau nicht leiden, denn wir wissen aus unseren eigenen Reihen, welches famose Schrifttum gerade von den nationalsozialistischen Häftlingen zur glücklichen Niederschrift kam. Ich erinnere nur an Hitler und Röhm..."

Die unmittelbare Nähe von Erika-Mann-Straße und Klaus-Mann-Platz unterstreicht symbolisch die gelebte Nähe der beiden Geschwister und steht zugleich für ihren gemeinsamen Kampf gegen die Nationalsozialisten im Exil in den Jahren 1933–1945.

Das politische Vermächtnis der Familie Mann sollte beispielhaft auch im geplanten NS-Dokumentationszentrum München dargestellt werden. Dem beständigen Einsatz Thomas Manns gegen den aufkommenden Nationalsozialismus, für Demokratie und Humanität in den Jahren 1922–1933, seiner Ausstoßung aus München und Deutschland 1933 und dem gemeinsamen Wirken von Thomas Mann und seinen Kindern Erika und Klaus Mann im Exil kommen exemplarische Bedeutung zu.

Die vorliegende Broschüre beruht auf der Ausstellung, die im November 2005 in der U-Bahn-Galerie des Bezirksausschuss Maxvorstadt gezeigt wurde. Irmgard Schmidt, Frauenbeauftragte im BA Maxvorstadt, und Brigitte Schuchard (Münchner Gruppe der Internationalen Frauenliga für Frieden und Freiheit) gilt unser besonderer Dank für die umfangreichen Recherchen und die Erstellung der Dokumentation.
Auch unsere bewährte Kooperationspartnerin,
Dr. Elisabeth Tworek, Leiterin des Münchner Literaturarchivs in der Monacensia, ist in diesen Dank einzubeziehen.
Zu danken ist an dieser Stelle ebenso der Ludwig-Maximilians-Universität (Handschriftenabteilung) und der Thomas-Mann-Fördergesellschaft München, mit denen wir im November 2006 eine Ausstellung zum 100. Geburtstag von Klaus Mann in der U-Bahn-Galerie gestalten konnten.

Wer in Zukunft auf dem Klaus-Mann-Platz flaniert oder sich über die Erika-Mann-Straße in den „Arnulf-Park" zurückzieht, dem sei diese Broschüre zur Lektüre empfohlen, die ohne die großzügige Förderung durch die Vivico Real Estate nicht hätte realisiert werden können.

München, im Juni 2007

Klaus Bäumler
Vorsitzender
Bezirksausschuss Maxvorstadt

„Es ist also ein Mädchen"

Kindheit

Hedwig Dohm

Hedwig Pringsheim

Katia Mann

Katia Mann mit Klaus und Erika

Thomas Mann mit Erika

Die Urgroßmutter Hedwig Dohm (1833 – 1919) ist eine der Begründerinnen und eine der bedeutendsten Vertreterinnen der bürgerlichen Frauenbewegung für Frauenwahlrecht und Frauenemanzipation. Sie fordert schon in der zweiten Hälfte des 19. Jahrhunderts:

> *„zuerst die politischen Rechte … unsere doppelte Moral ist der Ausfluß einer politischen Machtfrage, unsere heutigen Sittlichkeitsanschauungen – weder Natur gewollt, noch Gott gewollt, sondern Mann gewollt, weil der Mann bisher allein das Recht besaß, Gesetze zu verfassen, Sitten zu diktieren."*

Die Großmutter Hedwig Pringsheim-Dohm (1855 – 1942), Schauspielerin mit Schönheit, Charme und Temperament, fordert weder für sich noch für andere die Frauenrechte ein.

Auch bei der Mutter Katia Mann (1883 – 1980) ist wenig zu spüren von dem streitbaren Engagement der Großmutter gegen das Patriarchat. Sie zeigt einen wachen Geist und besitzt die Intelligenz, Energie und die Schönheit der Mutter.

Erika Mann, am 9. November 1905 als erstes Kind von Katia und Thomas Mann in München geboren, erbt beides. Erika steht mütterlicherseits in einer Reihe von jüdischen Vorfahren. Jüdisch zu sein sieht sie – soweit von außen erkennbar – nicht als Teil ihrer persönlichen Identität.

> *„Es ist also ein Mädchen: eine Enttäuschung für mich, wie ich unter uns zugeben will, denn ich hatte mir sehr einen Sohn gewünscht und höre nicht auf, es zu thun … vielleicht bringt mich die Tochter innerlich in ein näheres Verhältnis zum ‚anderen' Geschlecht, von dem ich eigentlich, obwohl nun Ehemann, noch immer nichts weiß."*
> Thomas Mann kurz nach Erikas Geburt
> an seinen Bruder Heinrich

Auch Katia hat sich einen Sohn gewünscht:

> *„Es war also ein Mädchen, Erika.*
> [der erwünschte Sohn sollte nach
> Katias ältestem Bruder Erec heißen]
> *Ich war sehr verärgert.*
> *Ich war immer verärgert, wenn ich ein Mädchen*
> *bekam, warum, weiß ich nicht."*

Und das äußert Katia Mann zwei Generationen nach der Frauenrechtlerin Hedwig Dohm!

Erikas Kinder- und Jugendzeit ist einerseits eingegrenzt durch die Rücksichtnahme zu Hause auf den schreibenden Vater, andererseits besonders bereichert durch das von Literatur bestimmte Elternhaus, vor allem auch geprägt durch die sehr liberale Erziehung; es ist ihre „wilde Zeit" mit vielen Freiheiten.

> *„Aus purer Liebe* [zu meiner Mutter] *habe ich das*
> *Abitur ‚gebaut' und mit einem Zeugnis bestanden,*
> *das in der Welt einzig sein dürfte:*
> *es ist so miserabel, dass ich es mir eingerahmt*
> *habe, und jeder, der mich besucht,*
> *kann es in der Diele lesen."*

Im März 1924 legt sie das „Sau Sau Sau Sau Kotz-Abitur" am Luisengymnasium in der Maxvorstadt ab.
(zitiert nach einem Brief an Gretel und Lotte Walter vom 23.5.1924)

Luisengymnasium
Maxvorstadt

Reifezeugnis von
Erika Mann (Ausschnitt)

Zitate über die Geschwister Erika und Klaus

Lehrer über Erika: „Erika und Klaus waren ungebärdige Kinder. Sie mimten Arroganz mit Bravour, fanden die Schule öde und lästig und was man von ihnen verlangte, war meist schrecklich komisch, aber niemals ernsthaft zu befolgen."
(Zitat aus „Erika Mann – Eine Biographie"
von Irmela von der Lühe, Fischer Verlag)

Sie konnte nach den Worten von Klaus „wie zwei Buben turnen und raufen, und sah aus wie ein magerer, dunkel hübscher Zigeunerjunge. Es überrascht nicht, dass Erika sich schnell als eine Art von Anführerin und Häuptling unter den Mädchen etablierte, "
(Zitat aus „Flucht ins Leben, Die Erika und Klaus Mann- Story"
von Andrea Weiss, Rowohlt Verlag)

Freundin und Schulkameradin Friederike Schmitt-Breuninger: „Sie war ein leibhaftiger Teufel, ihr Lachen war ansteckend, ein wieherndes, nicht enden wollendes Lachen war es."
(Zitat aus „Erika Mann – Eine Biographie"
von Irmela von der Lühe, Fischer Verlag)

Erika Mann nach der
Auto-Ralley 1931 mit
ihrem gewonnenen
Ford-Zweisitzer

„Spaß am Spiel…"

Jugendjahre Kinderbuchautorin

Laienbund deutscher Mimiker
1919

Erika Mann und Pamela Wedekind

Erika mit Gustaf Gründgens
1926

Bereits die Kinder des Hauses Mann verwandeln die Fülle ihres literarischen Wissens mit ihrem Freundeskreis in Spiel und Theater. Die Theatergruppe der „Herzogparkbande" gründet am Neujahrstag 1919 den „Laienbund deutscher Mimiker": Erika, Klaus, Golo, Lotte und Gretel Walter, Ricki Hallgarten, W. E. Süskind (mit 16 der älteste) und andere. Zur Premiere wird Theodor Körners GOUVERNANTE aufgeführt. Thomas Mann schreibt ins Mimikbuch, in dem alle Theaterereignisse der Truppe festgehalten werden:

„Die Gouvernante wurde von Fräulein Titi (Erika) mit verständiger Distinktion verkörpert. Nur dem großen Monolog erwies sich die Gestaltungskraft der achtbaren Künstlerin ... als noch nicht völlig gewachsen."

Das Repertoire reicht von Shakespeare, Moliere und Lessing bis zu Stücken von Klaus Mann.
Die „achtbare Künstlerin" geht gleich nach dem Abitur 1924 als Schauspielschülerin zu Max Reinhardt nach Berlin und beginnt ihre erste Karriere als Schauspielerin.
Nach einem halben Jahr kommt Klaus nach und arbeitet als fest angestellter Theaterkritiker beim 12-Uhr-Blatt.

Die Zeit in der avantgardistischen Hauptstadt Berlin bedeutet für beide den Übergang zum Erwachsenwerden – in Stil, Weltsicht und Verhalten brechen sie mit den Traditionen der Älteren; sie sind typische Vertreter der neuen demokratischen Generation. Mit ihrem Leben in Berlin beginnt auch die Zeit der ständigen Reisen, die ihr rastloses Leben bestimmen.

Noch 1924 tritt Erika ihr erstes Engagement an den Reinhardt-Bühnen in Berlin an. Im Jahr darauf ist sie auch an den Hamburger Kammerspielen. Unter der Regie von Gustaf Gründgens spielt sie im Stück ihres Bruders ANJA UND ESTHER neben Klaus, Gustaf Gründgens und Pamela Wedekind.
Im Mittelpunkt des Stücks steht autobiographisch das intime Verhältnis zwischen Erika und Pamela Wedekind.
1926 heiraten Erika und Gustaf Gründgens;
Erika setzt aber ihre Affäre mit Pamela fort.

Von 1926 bis 1930 übernimmt sie an mehreren großen deutschen Bühnen Verpflichtungen, auch in München am Volkstheater, an den Kammerspielen, am Residenz- und Prinzregententheater, wo sie mit der Rolle der Elisabeth in Schillers DON CARLOS ihren größten Erfolg hat.
Während eines Engagements 1930 in Berlin hatte Erika Mann mehr Lust, mit dem Bruder in die Winterferien zu fahren als ihren Verpflichtungen nachzukommen. Auf die Mahnung Gründgens' antwortet sie nur, ihr Vater werde das bei Max Reinhardt schon in Ordnung bringen.

> *„Von diesem Augenblick an wußte ich, dass Erika niemals ernsthaft eine Schauspielerin werden würde."*
> Gustaf Gründgens

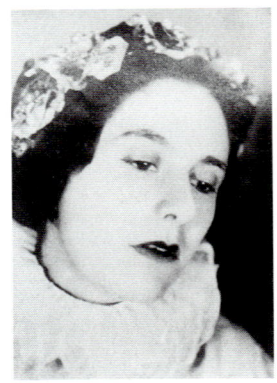
Erika in der Rolle der Elisabeth

Erika und Klaus – die seit der Kinderzeit fast unzertrennlichen Geschwister – flüchten vor ihren schwierigen privaten Beziehungen im Oktober 1927 auf ihre erste gemeinsame Weltreise, in die Vereinigten Staaten, quer über den Kontinent, weiter nach Honolulu, kehren über Japan, Korea, China und Russland im Juli 1928 nach Deutschland zurück.
Gleichzeitig beginnt Erika ihre zweite Karriere als Schriftstellerin und Reporterin: sie schreibt Reise- und Kinderbücher, Artikel für Zeitungen und Zeitschriften, um ihre chronische Geldknappheit auf den Reisen zu lindern.
Klaus spottet:

> *„Armes Ding! Dir wird's auch nicht erspart bleiben – das Schriftstellern, meine ich. Es ist der Familienfluch."*

1931 und 1932 erscheinen die Kinderbücher
JAN'S WUNDERHÜNDCHEN
und STOFFEL FLIEGT ÜBERS MEER.

Die begeisterte, wagemutige Autofahrerin absolviert einen Kurs für Automechanik, bevor sie im Mai/Juni 1931 an einem Autorennen über 10 000 km durch Europa teilnimmt. Beifahrer ist einer der engsten Jugendfreunde, Ricki Hallgarten, denn Klaus scheint dafür ungeeignet. Sie gewinnt und erhält den Ford-Zweisitzer als Siegesprämie! Unterwegs schreibt sie Etappenberichte für das Zeitgeist-Magazin TEMPO.

„... Ernst im Spiel"

Schatten über der Jugend

Große öffentl. Frauenversammlung

Mittwoch den 13. Januar, abends 8 Uhr
im großen Saal des Hotels **Union**, Barerstr.

Weltabrüstung oder Weltuntergang

Referentin: **Marcelle Capy — Paris**
(Der französische Vortrag wird ins Deutsche übertragen)

Erika Mann spricht aus „**Die deutsche Zukunft**" zur Abrüstung.

Internationale Frauenliga für Frieden und Freiheit — München
Frauenweltbund für Internationale Eintracht — München
Weltfriedensbund der Mütter und Erzieherinnen — München

Frauen aller Richtungen und Parteien — aller Konfessionen und Klassen! Auf jede Einzelne kommt es an! **Erscheint in Massen!**

Konstanze Hallgarten
Paula Noris
Edith Hoereth-Menge

Eintritt: 20 Pfg. zur Unkostendeckung,
Mitglieder 10 Pfg.
Erwerbslose haben freien Eintritt

G. Birk & Co. m. b. H., München

Aufruf zur Kundgebung der
Internationalen Frauenliga
für Frieden und Freiheit
München 1932

Siehe Beitrag von Brigitte Schuchard:
Erika Mann und die Internationale
Frauenliga für Frieden und Freiheit
Seite 61

Am 13. Januar 1932 lädt Constanze Hallgarten, eine Freundin der Eltern Mann und entschiedene Pazifisten als Vorsitzende der Münchner Gruppe der Internationalen Frauenliga für Frieden und Freiheit (IFFF) mit dem Frauenweltbund für Internationale Eintracht und dem Weltfriedensbund der Mütter und Erzieherinnen zu einer Großveranstaltung mit dem Thema *Welt-Abrüstung und Welt-Untergang* in den großen Saal des Hotels UNION in der Barer Straße in München ein. Mit der Thematik wollen deutsche und internationale pazifistische Organisationen eine breite Öffentlichkeit wachrütteln und Einfluss nehmen auf die Genfer Abrüstungskonferenzen im März 1932. Unter den etwa 1200 BesucherInnen sind auch Mitglieder des bayerischen Königshauses und des Hochadels („Beziehungen" der großbürgerlichen Constanze Hallgarten).

Erika Mann ist als Rezitatorin politischer Texte eingeladen. Sie hört erst hinter den Kulissen der Hauptrednerin zu, der französischen Pazifistin Marcelle Capy, liest dann u.a. eine beklemmende Beschreibung der Folgen eines Giftgaskrieges aus der pazifistischen Zeitschrift DEUTSCHE ZUKUNFT mit dem eindringlichen Appell:

> *„Fordert von der Abrüstungskonferenz*
> *die allgemeine und totale Abrüstung!"*

Schon am Eingang wehrt die Polizei die Störversuche der nationalsozialistischen Schlägertrupps gegen die pazifistischen IFFF-Frauen und die Rednerinnen ab – vielleicht wegen der vielen anwesenden Honoratioren. Aber in den nächsten Tagen folgt in der NS-Presse eine gehässige Kampagne.

> *„… Das Kapitel ‚Familie Mann' erweitert sich*
> *nachgerade zu einem Münchner Skandal, der auch*
> *zu gegebener Zeit seine Liquidierung finden muß."*
> Völkischer Beobachter

Die Bedrohung bringt den persönlichen und beruflichen Wendepunkt: Erika erkennt jetzt die Notwendigkeit politischen Handelns. Ein Jahr später müssen die Familie Mann und die Pazifistinnen Constanze Hallgarten, Anita Augspurg, Lida G. Heymann und viele andere aus dem braunen Deutschland fliehen.

Die von den Nationalsozialisten angekündigte „Liquidierung"
um die Familie Mann beginnt mit dem vom Staatsoperndirektor Hans Knappertsbusch initiierten *Protest der
Richard-Wagner-Stadt München* im April 1933.
Ein Vortrag von Thomas Mann zum Thema *Leiden und
Größe Richard Wagners* am 10. Februar in der Universität,
in dem die Unterzeichner eine Verunglimpfung des
Komponisten sehen wollen, liefert den Vorwand für die
üble Denunziation.

Unterschrieben ist das Dokument von hohen Repräsentanten der neuen Machthaber in Stadt und Staat. Diese haben
sich verbunden mit offenbar zu Anbiederung, Kooperation
und Unterwerfung bereiten Vertretern breiter gesellschaft-
licher Kräfte. Unter den 45 Unterzeichnern sind der bayerische Kultusminister, die Präsidenten und Generaldirektoren
der Kunstakademie, der Gemäldegalerie, der Staatstheater
und der Industrie- und Handelskammer – ein Kniefall der
Münchner Kulturelite vor dem neuen Regime, die einen der
angesehensten Bürger Münchens aus ihrer Mitte ausstößt.

Erika erkennt sofort das Warnsignal, das in dieser Kampagne
liegt, obwohl sie nicht wissen kann, dass Reinhard Heydrich
zu diesem Zeitpunkt bereits verfügt hat, Thomas Mann nach
seiner Rückkehr von einer Vortrags- und Erholungsreise aus
dem Ausland in Dachau festzusetzen. Heydrich war engster
Mitarbeiter von Heinrich Himmler, der seit 1. April in
München Leiter der Bayerischen Politischen Polizei war.

Erika ist Realistin genug, die notwendigen Konsequenzen zu
ziehen. Mit Mühe überreden sie und Klaus die Eltern,
in der Schweiz zu bleiben.

Besonders schmerzlich für die Manns sind die Unterschriften
von ehemaligen Freunden, wie Hans Pfitzner, Richard Strauß
und Olaf Gulbransson.
An ihn schickt Erika eine kurze Mitteilung:

*„Zeichne!
Unterschreibe nicht!"*

„Waren wir doch Teile voneinander"

Die Geschwister Erika und Klaus

Erika und ihr ein Jahr jüngerer Bruder Klaus geben sich oft als Zwillinge aus. Sie halten auch als Erwachsene an ihrer besonders engen Verbindung fest.
Gemeinsam gehen sie auf Reisen, halten Vorträge, arbeiten als Kriegsberichterstatter für die US-Army und schreiben Bücher.

Im Exil unterstützt Erika ihren Bruder bei seinen Aktivitäten: zuerst, als er ab September 1933 die oppositionelle,
– literarische – nicht tagespolitische Emigranten-Zeitschrift DIE SAMMLUNG im Amsterdamer Querido-Verlag herausgibt, verlegerisch betreut von Fritz H. Landshoff, mit dem Klaus und Erika eine enge Freundschaft verbindet:

> *„ Die schönste menschliche Beziehung, die ich in diesen ersten Jahren des Exils verdanke, ist die zu dem Verleger Fritz Landshoff. … nach Rickis Tod durfte ich kaum noch hoffen, solche Gleichgestimmtheit und eine solche Treue jemals wiederzufinden. Nun gab es dies noch einmal; und wieder, wie im Falle Rickis, war es eine Freundschaft zu dritt. Erika gehörte dazu. In meinem Leben hat wohl nur das, woran sie Anteil nimmt, so recht eigentlich Bestand und Wirklichkeit."*
> Klaus Mann, 1942

Auf Bestellung der renommierten Houghton Mifflin Company verfassen sie 1939 ESCAPE TO LIFE, eine Art ‚Who's who im Exil' über die künstlerischen, wissenschaftlichen und politischen Repräsentanten der deutschen Emigration.

Nach dem Tod des Bruders 1949 schreibt Erika an die gemeinsame Freundin, die Fotografin Eva Herrmann:

> *„Waren wir doch Teile voneinander, –*
> *so sehr, dass ich ohne ihn im Grunde gar nicht*
> *zu denken bin …"*

„Wir spielten gegen ihn an"

Kabarett
Die Pfeffermühle

Erika Mann als Conférencière in einer Vorstellung der „Pfeffermühle"

München ist unternehmungslustig.

Ob es nun wahr ist, wie die Leute sagen, daß München nicht in dem Maß und Unmaß anderer Städte, Berlins vor allem, Gegenstand der Konjunktur und der Baisse werden kann, weil das wirtschaftliche Objekt nicht so ausgreifend groß sei und sich daher in bösen Zeiten auch nicht so sehr zusammenzuziehen brauche: in jedem Fall scheint man mit Zuversicht in den Fasching 1933 einzutreten, von dem man sich allerlei verspricht, und innerhalb dieser verheißenden Atmosphäre hat nun auch ein neues Kabarett aufgemacht, von dem man, ohne Lorbeer auf Vorschuß, sagen muß, daß es ein gutes, ja ein sehr gutes Kabarett ist, das man sich, was das Niveau betrifft, auch in Paris würde vorstellen können. Das neue Kabarett führt den hübschen Namen „die Pfeffermühle" und ist gewissermaßen mit der besten Münchner Literatur verwandt: denn es hat, irre ich nicht, den hübschen Namen von keinem Geringeren als Thomas Mann bekommen, und es ist eine Tochter des Dichters, die dem Kabarett die besondere, feine Haltung gibt, dem Kabarett auch als Conférencière und als Vortragende angehört — Erika Mann. Man hat die Dinge eines Kabaretts wohl selten so charmant ansagen hören: mit so viel Distinktion, mit so viel Anmut und so überzeugend damenhaftem Stil. In der Reihe der Mitwirkenden, die großenteils von den Münchner Schauspielbühnen bekannt sind, fiel sonst vor allen Therese Giehse auf, die auch hier eine phänomenale Künstlerschaft entwickelte: besser, als sie den François Villon vortrug, wird man ihn schwerlich vortragen können, und gleichwohl fand diese ungewöhnliche Darstellerin ohne weiteres den Uebergang zu lokal-münchnerischen Dingen komischer Art. Sibylle Schloß war präzis und amüsant, Magnus Henning gab seinen Beitrag als feines musikalisches Talent, Karl Theodor Glock als sehr guter Sprecher eigener Dinge. Auch der Schauspieler Albert Fischel hatte den Weg in dies Kabarett gefunden. In der Mitte des Abends standen Claire Eckstein und ihr Partner Demby mit brillanten Travestien aus der Zeit unserer Väter. Das Ensemble spielt in der Bonbonnière, die von Hans Rotzmann, einem der Letzten aus der Zeit der Elf Scharfrichter, unermüdlich und tapfer in Bewegung gehalten wird. Das Programm, das unter lebhaftem Beifall gespielt wird, soll einstweilen bis Ende Januar dauern. Später wird man vielleicht reisen, und sicherlich nicht ohne Chance!   w. h.

Die Idee des Freundes und Musikers Magnus Henning im Herbst 1932, ein Kabarett zu gründen, setzt Erika sofort in die Tat um. Sie bringt ein engagiertes Ensemble von zehn jungen Münchner SchauspielerInnen zusammen, die gegen „ihn" [Hitler] und den Nationalsozialismus anspielen wollen. Der Vater findet bei Tisch den Namen dafür: PFEFFERMÜHLE

Die Premiere findet am 1. Januar 1933 mit Erika als Conférencière vor „großem Münchner Publikum" statt. In ihrer dritten Karriere als Kabarettistin, Text- und Songschreiberin wird Erika schnell sehr erfolgreich.
Bis 31. Januar wird jeden Abend in Adolf Gondrells Nachtlokal BONBONNIERE am Platzl gespielt. Während der ‚Führer' in unmittelbarer Nachbarschaft im Hofbräuhaus vor Parteigenossen seine Antrittsrede als Reichskanzler hält, sitzt der Reichsinnenminister Frick in der Vorstellung der PFEFFERMÜHLE und macht sich Notizen.

Der Grundton von Erikas Kabarett ist literarisch und politisch-satirisch – eine Mischung aus Songs und Sketchen, sozialkritischen Liedern, Tänzen und Späßen.
Die meisten Texte schreibt sie selbst, einige sind von Klaus. Der Komponist und ‚Mann am Klavier' ist Magnus Henning, das künstlerisch prominenteste Ensemble-Mitglied ist Therese Giehse, Freundin und zeitweise Geliebte von Erika.

Im Kabarett findet Erika das geeignete Medium, um mit ihren Überzeugungen die Öffentlichkeit aufzuklären: für Demokratie, gegen Faschismus und Nationalsozialismus.

> *„ … noch ehe er da war, hatte ich keinerlei Lust mehr am bloßen Theaterspielen, sondern wünschte, mich gegen ihn zu betätigen."*

Ab Mitte März 1933 hängt auch vom Münchner Rathaus die Hakenkreuzfahne. Das dritte Programm der Pfeffermühle kann nicht mehr stattfinden. Es war geplant für April, wegen des riesigen Erfolgs in einem größeren Saal, im Schwabinger SERENISSIMUS. Erika flieht am 13. März überstürzt und wenig später folgen Therese Giehse, Magnus Henning und einige andere Ensemblemitglieder in die Schweiz, Klaus geht nach Paris.

Am 30.September 1933 findet nach Überwindung schwieriger politischer Hindernisse die Eröffnungsvorstellung in der Schweiz mit dem dritten Programm statt. Die PFEFFERMÜHLE kann in Zürich zwei Jahre vor begeistertem Publikum spielen. Erika schöpft aus ihrem literarischen Erbe. Sie benützt Fabeln und Märchen, Sprichwörter und geflügelte Worte, die sie politisch-satirisch in Bezug auf die Zeitgeschichte verändert.

Textentwurf
von Erika Mann

KAELTE

In Winterkaelte ward ein Jahr geboren,-
Es ist so zart,- seid sorgsam mit dem Kind!
Man hat der Jahre ~~viele~~ *manches* schon verloren,
Und heutzutage geht ein scharfer Wind.

Der Schnee ist blaeulich in der duennen Kaelte,-
Die kleinen Baeume frieren arm und kahl;
Zwei Raben kreisen hungrig ueber'm Felde,-
Ein Bauer stapft daher, wie Ruebezahl.

Warum ist es so kalt?
Warum tut Kaelte weh?
Warum? Die Welt wird bald
Nur lauter Eis und Schnee.

Kalt ist die Welt,- sie macht sich nichts zu wissen,
Von dem und jenem, was es leider gibt.
Gleichgueltigkeit, dies kuehlste Ruhekissen,
Ist sehr gefragt und allgemein beliebt.

Wer faselt da von Ungerechtigkeiten?
Von Mord und Marter, die zum Himmel schrein?
Was kuemmert's mich, wenn andre Leute streiten?
Lasst mich in Ruh,- ich mische mich nicht ein!

Warum sind wir so kalt?
Warum,- das tut doch weh!
Warum? Wir werden bald
Wie lauter Eis und Schnee!

Beteiligt Euch,- es geht um Eure Erde!
Und Ihr allein, Ihr habt die ganze Macht!
Seht zu, dass es ein wenig waermer werde,
In unserer schlimmen, kalten Winternacht!

Die ist erfuellt von lauter kaltem Grauen,-
Solange wir ihm nicht zuleibe gehn;
Wehrt Euch und kaempft,- und dann lasst uns doch schauen,
Ob die Gespenster diesen Kampf bestehen!

Bestehn? Ich glaub' es nicht!
Die Sonne siegt zum Schluss!
Warum? Weil solches Licht
Am Ende siegen muss!

am 1. Januar, 1934.
Zuerich (Hirschen).

1933

Monat	Ort
Januar	München 1.–31.
Februar	München 1.–28.
März	—
April	—
Mai	—
Juni	—
Juli	—
August	—
September	—
Oktober	Zürich 1.–31.
November	Basel 1.–15.
"	Bern 16.–29.
"	Biel
Dezember	Schaffhausen 3.Dez.
"	St. Gallen 3.–5.
"	Winterthur 5.–7.

1934

Monat	Ort
Januar	Zürich 1.–31.
Februar	1.–15.
"	St. Moritz 17.18.
"	Davos 19.20.
"	Chur 21.
"	Aarau 22.
"	Olten 23.–25.
März	Basel 1.–28.
April	Bern 16.–29.
Mai	Amsterdam 1.–31.
Juni	den Haag 1.–8.
"	Utrecht 9.
"	den Haag 10.–13.
"	Rotterdam 14.
Juli	
August	Ascona 20. 22. 25. 27. 29.

1934

Monat	Ort
September	Ascona 1. 3. 5.
"	Lugano 8. 9.
"	Luzern 16.–25.
Oktober	Basel 3.–21.
"	Westhal 6.
"	Bern 22.–26.
"	Thun 27. 28.
"	Bern 29.–31.
November	Zürich 3.–30.
Dezember	St. Gallen 3.–6.
"	Biel 12.–14.
"	Herzogen-Buchsee 15.
"	Burgdorf 16.

1935

Monat	Ort
Januar	Prag 18.–31.
Februar	Prag 1.–9.
"	Teplitz-Schönau 10. 12. 13
"	Mährisch-Ostrau 15.
"	Brünn 16.–19.
"	Bratislava 20.
"	Esch zur Alzette (Luxemburg) 26.
März	den Haag 1.–24.
"	Haarlem 25.
"	Rotterdam 26.–28.
"	Amersfoort 29.
"	Leiden 30.
"	Haarlem 31.
April	Amsterdam 1.–15.

1935

Monat	Ort
April	Luxemburg 16.
"	Esch V Alcette 17. (?)
"	den Haag 20.–22.
"	Utrecht 23.
"	Amsterdam 24. 25.
"	Groningen 26. 27.
"	Zwolle 28. (abends)
"	Zeist 29. (abends)
"	Laren 30.
Mai	Utrecht 1.
"	Rotterdam 2.
"	Leiden 3.
"	Laren 4.
"	Haarlem 5.
"	Delft 6.
"	Rotterdam 7.–9.
"	Bilthoven 10. (Holland)

1935

Monat	Ort
August	Marienbad 1. 3. 4. (Č.S.R.)
"	8. 10.
"	Karlsbad 7. 11.
"	Teplitz-Sch. 13. 14.
"	Aussig 15.
"	Prag 16.–31.
September	Prag 1.
"	Brünn 7.–10
"	Nikolsburg 11.
"	Iglau 12.
"	Prossnitz 14.
"	Olmütz 15. 16. (Č.S.R.)
"	Mähr. Ostrau 21. 22.
"	Zilina 24.
"	Bratislava 25.
Oktober	
November	Luzern 16.–30.

1936

Monat	Ort
Februar	Hohenstenken 24.
"	Neu-Titschein 25.
März	Luxemburg 10.
"	Diekirch 11.
"	Brüssel 12.
April	Amsterdam 16.–31. (Holland)
"	Zwolle 1.
"	Enschede 2.
"	Zeist 3.
"	den Haag 4.–16.
"	Rotterdam 17.–19.
"	Haarlem 20.
"	Hilversum 21.
"	Breda 22.
"	Eindhoven 23.
"	Amsterdam 24.–26.
"	Groningen 27.–28.

1936

Monat	Ort
April	Utrecht 29.
"	Leiden 30.
Mai	Arnhem 1. 2.
"	Antwerpen 3.–6.
"	Luxemburg 7.–9.
Juni	
Juli	
August	Salzburg 14.

1936

Monat	Ort
Februar	Hohenstenken 24.
"	Neu-Titschein 25.
März	Luxemburg 10.
"	Diekirch 11.
"	Brüssel 12.
April	Amsterdam 16.–31. (Holland)
"	Zwolle 1.
"	Enschede 2.
"	Zeist 3.
"	den Haag 4.–16.
"	Rotterdam 17.–19.
"	Haarlem 20.
"	Hilversum 21.
"	Breda 22.
"	Eindhoven 23.
"	Amsterdam 24.–26.
"	Groningen 27.–28.

1936

Monat	Ort
April	Utrecht 29.
"	Leiden 30.
Mai	Arnhem 1. 2.
"	Antwerpen 3.–6.
"	Luxemburg 7.–9.
Juni	
Juli	
August	Salzburg 14.

Aus dem Tourneebuch
der „Pfeffermühle"
Handschrift von Therese Giehse

*„Die Pfeffermühle gibt zu bedenken …
könnte über unseren Programmen und Einladungen
stehen. Wir versuchen, in der leichten Form …
die schweren Dinge zu sagen, die heute gesagt
werden müssen …"*

DER PRINZ VOM LÜGENLAND

*… Bei mir daheim im Lügenland
darf keiner mehr die Wahrheit reden.
Ein buntes Netz von Lügenfäden
hält unser großes Reich umspannt.*

*Bei uns ist's hübsch, wir habens gut.
Wir dürfen unsre Feinde morden.
Verleihn uns selbst die höchsten Orden
voll Lügenglanz und Lügenmut.*

*Wer einmal lügt, dem glaubt man nicht,
wer immer lügt, dem wird man glauben.
Zum Schluss lässt sich's die Welt nicht rauben,
dass er die lautre Wahrheit spricht…*

Seit Ende 1935 gibt es auch bei den Schweizer Behörden unüberwindliche Schwierigkeiten. Die so genannten Frontisten mit stark nationalsozialistischer Tendenz organisieren immer wieder gewalttätige Zwischenfälle in Zürich. Wochenlang braucht Erika auf ihrem Heimweg Polizeischutz. Auch die Schweiz sei unbewohnbar geworden, sagt sie. Aber sie will nicht aufgeben, sondern geht auf die Suche nach Gastspielreisen und neuen Programmen.

Am 15. Juni 1935 kündigt Goebbels an, Erika Mann werde die deutsche Staatsbürgerschaft entzogen. Sie sei die „geistige Urheberin" der „deutschfeindlichen Pfeffermühle" und verantwortlich für die „in diesem Unternehmen gezeigten würdelosen Darbietungen, die auf eine Verunglimpfung Deutschlands abgestellt sind."

Sie hat dies wohl geahnt und von sich aus vorgesorgt: am gleichen Tag geht sie mit dem homosexuellen englischen Lyriker Wystan Auden eine „Passehe" ein, um die englische Staatsbürgerschaft zu erhalten.

Ihre Großeltern, Hedwig und Alfred Pringsheim, entkommen der Vernichtung am letzten Tag vor der endgültigen Schließung aller Grenzen, am 31. Oktober 1939, in die Schweiz. Diese vor der NS-Zeit hochgeachteten Bürger in der Münchner Gesellschaft werden ab 1933 als Juden Schritt für Schritt ihres Vermögens, des persönlichen Schutzes und Rechts beraubt.

1935/36 folgt eine Tournee durch einen großen Teil Europas: Tschechoslowakei, Holland, Luxemburg, Belgien und wieder Schweiz, zwar immer mit Auflagen und Zugeständnissen im Programm den Behörden gegenüber, aber in 1034 meist ausverkauften Vorstellungen beim Publikum ein phänomenaler Erfolg.

Solange es möglich ist, klären Erika und ihr Ensemble mit ihren Mitteln, dem Kabarett politisch auf und kämpfen gegen Hitler, bis die Zensurmaßnahmen in der Schweiz und den anderen europäischen Ländern nicht mehr hinnehmbar sind.

> *„Wir waren Fremde … nur zur Not geduldet …*
> *Die Machthaber zu reizen, verbot sich.*
> *‚Immer indirekt' hieß unsere Losung.*
> *Kein Name – auch nicht der unseres*
> *verdorbenen Landes – ist je bei uns gefallen.*
> *Wir wirkten in der Parabel,*
> *im Gleichnis und Märchen unmissverständlich,*
> *doch unschuldig, dem Buchstaben nach."*
> Erika Mann, 1966

„Politik wurde zur Feuerprobe in dieser Bindung"

Verhältnis zum Vater zu Beginn des Exils

Die Schlagzeilen in den Münchner Zeitungen vom 14. September 1930 verkünden den überwältigenden Erfolg der Nationalsozialisten bei der Reichstagswahl: fast 6 ½ Millionen Stimmen, eine Zunahme von 12 auf 107 Mandate!

Während Erika erst seit Januar 1932 die politische
Gefährdung wirklich ernst nimmt, haben Klaus und
Heinrich Mann seit Jahren zugunsten der Demokratie
Stellung bezogen.

Seit der Emigration kritisiert Erika die zögernde Haltung
des Vaters. An Klaus schreibt sie im August 1933:

> *„Uns ist bei unserer Jugend*
> *eine große Verantwortung aufgeladen*
> *in Gestalt unseres unmündigen Vaters."*
> *„Politik wurde zur Feuerprobe*
> *in dieser Bindung …"*

Drei Jahre lang bereitet sie in vielen Gesprächen und Briefen
vor, wozu Thomas Mann dann von anderer Seite gezwungen
wird. Auslöser ist ein Artikel in der NEUEN ZÜRCHER
ZEITUNG, in dem die Literatur der Emigranten – mit
Ausnahme des Werks von Thomas Mann – als jüdisch, also
„nicht-deutsch" bezeichnet wird.

Neben Erika bittet auch Klaus seinen Vater „inständigst",
sich doch gegen diesen verhängnisvollen Artikel zu
wehren. Endlich bricht auch Thomas Mann in einem offenen
Brief am 3. Februar 1936 in der gleichen Zeitung mit den
deutschen Machthabern, bekennt sich zur Emigration und
ihrer Literatur, zu der auch er gehöre.

Er wird aus öffentlich bekundeter Überzeugung zum
Emigranten. Erika zeigt keine persönliche Genugtuung,
sondern unterstützt ihn nun menschlich und sachlich.
Nach der Ausbürgerung und der Aberkennung der
Ehrendoktorwürde der Universität Bonn im Dezember 1936
sind die Hilfe seiner Frau Katia und Tochter Erika
für ihn lebenswichtig.

„bin ich irgendwo beinahe zu Hause"

Exil

Chicago Women's Division

AMERICAN JEWISH CONGRESS

announces its

CHANUKAH BREAKFAST

•

MONDAY
December 19, 1938

•

SHERMAN HOTEL
10:00 A. M.

•

*Give or Get $6.00
and be a Guest!*

ERIKA MANN
Guest Speaker Chanukah Breakfast Forum

Erika Mann, Actress, Writer, Lecturer, Daughter of Thomas Mann, returning after a summer in Europe, will have much to say of significance on the ultimate outcome of the world's struggles.

Her Subject: "HATE THY NEIGHBOR"

Racial antagonism has now reached an alarming stage. The growth and spread of Naziism and its attendant un-American, unjust, and inhuman practices must be met with forceful measures.

We appeal to you as Jewish women and mothers to stand united and determined in the defense of human rights. Your Chanukah Gift to the American Jewish Congress will help to make possible our program of defense.

MRS. B. J. RASOF,
Earning Fund Chairman

MRS. MILTON J. KRENSKY,
Chairman of Breakfast

MRS. SAMUEL A. HOFFMAN
President

Am 5. Januar 1937 hat die PEPPERMILL am Broadway Premiere; aber sie fällt gründlich durch im freien Amerika. Das Ensemble kann die kulturelle Distanz zum amerikanischen Publikum nicht überbrücken.
Die Amerikaner verstehen den Humor eines europäischen Kabaretts nicht und auch nicht die literarischen Bezüge und die politische Botschaft hinter den Texten.
Die Auflösung der Pfeffermühle wird noch Ende Januar vollzogen. Therese Giehse und der Lieder-Komponist Magnus Henning, die von Anfang bis Ende dabei waren, kehren in die Schweiz zurück.

Erika bleibt in Amerika und lernt schnell Englisch, um das amerikanische Publikum auf andere Weise effektiv zu erreichen.

Therese Giehse beim Auftritt in der „Pfeffermühle"

„Das Medium dort, womit man etwas machen konnte, waren für mich dann die so genannten ‚lectures', also Vorträge.
… Es hat mir die Sache wieder sehr erleichtert, dass ich Schauspielerin und besonders mit so viel Kabaretterfahrungen auf dem Buckel einen direkten Kontakt zu einem ausländischen Publikum leicht fand. … Und ich fing an, … ein bisschen Aufklärung zu verbreiten."

Im März 1937 findet die erste Massenveranstaltung des AMERICAN JEWISH CONGRESS gegen Hitler und seine Kriegspolitik im New Yorker Madison Square Garden statt. Erika ist neben dem New Yorker Bürgermeister als Rednerin eingeladen.
Sie liest, sie spricht und sie kommt an.

„Zu Deinem Auftreten… beglückwünsche ich Dich herzlich stop Du sprichst dort als selbständige Persönlichkeit zugleich tust Du es gewissermaßen an meiner statt als meine Tochter und als meines Geistes Kind stop es ist eine schöne Gelegenheit für das Gute und Rechte für Wahrheit und Menschenwürde zu zeugen gegen Gewalt und Lüge die heute so siegreich scheinen und viele verführen …"
Telegramm von Thomas Mann aus der Schweiz

Von da an wird sie über ihre Agentur als „female lecturer",
als politische Vortragsreisende, quer durch den nordamerikanischen Kontinent geschickt. In der besonderen amerikanischen Art des politischen Kampfes klärt sie über Faschismus
und Nationalsozialismus und deren Gefahren auf.

Schwerpunkte ihrer ‚lectures' sind immer wieder die
„Rolle der Frau" im faschistischen Deutschland und im Exil.
Ihre Recherchen zur nationalsozialistischen Erziehungspolitik
verarbeitet sie auch in ihren Büchern.

Erikas wichtigstes Buch: SCHOOL FOR BARBARIANS.
Education under the Nazis / ZEHN MILLIONEN KINDER
ist eine ausführliche Dokumentation über das Erziehungssystem der Nazis oder vielmehr die Gehirnwäsche der
deutschen Jugend; es erscheint 1938 gleichzeitig in Englisch
und Deutsch und wird ein Bestseller.

Danach wird Erika Mann zur gesuchtesten und höchst
bezahlten weiblichen Vortragsreisenden der USA!
Während ihrer lecture-Tätigkeit schreibt sie noch mehrere
wichtige Bücher, allein oder gemeinsam mit Klaus,
so auch ihr erstes Kinderbuch in englischer Sprache:
A GANG OF TEN.

„Nun ist es doch aber ganz einfach mein Beruf"

Korrespondentin
Kriegsberichterstatterin
Prozessbeobachterin

42

Im Sommer 1938 reisen Erika und Klaus für drei Wochen nach Spanien. Von dort schildern sie für die deutschsprachige PARISER TAGESZEITUNG den seit Juli 1936 tobenden spanischen Bürgerkrieg. Sie tun dies nicht als neutrale Beobachter, sondern als leidenschaftliche Verteidiger der republikanischen Seite.

> *„…Wir erkannten, daß die Ereignisse in Spanien nur ein blutiges Vorspiel, eine Art tödlich ernste Probe für das waren, was der ganzen Welt drohen konnte."*

Churchills Informationsminister lädt Erika Anfang 1940 ein, Korrespondentin der BBC zu werden. Es drängt sie an den Kriegsschauplatz in Europa. Sie berichtet im Sommer 1940 und 1941 aus London, diesmal ohne Rücksicht auf den verzweifelten Bruder und den besorgten Vater:

> *„ … Nun ist es doch aber ganz einfach mein Beruf, dergleichen anzunehmen und mein Wunsch, in England zu arbeiten, wo allein ich das Gefühl habe, am richtigen Platz und ganz ‚okay' zu sein …"*

In ihren Aufrufen an die Deutschen will sie sich für die „Umerziehung" und nicht für eine Bestrafung des deutschen Volkes einsetzen. Nach dem Kriegseintritt der USA wird sie für zwei amerikanische Zeitungen akkreditierte Kriegsberichterstatterin. Mit der 9. US-Armee geht sie nach Ägypten, Persien und Palästina, das sie schon damals als „Pulverfass" bezeichnet, als sie von der heimlichen Bewaffnung der Juden und Araber erfährt. Zum Ende des Krieges ist sie in Belgien, Holland und Frankreich und ist auch bei der Invasion der Alliierten in der Normandie dabei.
Im September 1945 kommt Erika nach 12 Jahren wieder nach Deutschland – eher feindselig, nicht versöhnlich.
Sie berichtet für verschiedene amerikanische Zeitungen von den Nürnberger Prozessen. Als einzige weibliche Korrespondentin kann sie vorher die 52 Männer beobachten, die für die geistige, moralische und materielle Zerstörung ihres Landes verantwortlich waren. Diese sind luxuriös untergebracht im provisorischen Hochsicherheitsgefängnis, dem früheren Palace Hotel im luxemburgischen Mondorf-les-Bains.

An ihre Mutter schreibt Erika Mann:

*„Ein gespenstischeres Abenteuer
ist nicht vorstellbar."*

Bei der Rückkehr nach Amerika 1946 erlebt sie ihre triumphalste lecture-Tournee (92 Termine). Aber ab 1949 muss sie im Amerika des Kalten Krieges den totalen Boykott hinnehmen. Für Erika beginnt in allen Lebensbereichen eine Veränderung. 1950 zieht sie ihren Antrag auf Einbürgerung nach vierjährigen Schikanen durch die amerikanischen Behörden zurück.
Dem Direktor der Einwanderungsbehörde schreibt sie:

*„Unzählige Male habe ich mein Leben in Gefahr gebracht, als ich … als Kriegsberichterstatterin bei den US-Streitkräften akkredidiert war. …
Wäre ich amerikanische Staatsbürgerin gewesen, ich hätte mich nicht stärker bemühen können, dem Lande nützlich zu sein. In der Tat fühlte ich wie eine Amerikanerin. … Ich lebte und arbeitete … in den USA, und da ich dies auch weiter zu tun wünschte, hielt ich es nur für korrekt, mich dem guten Volk dieses Landes auch legal anzuschließen. Ich stellte meinen Antrag vor fast vier Jahren. Seit diesem Zeitpunkt ist eine Überprüfung im Gange, die dazu führte … meine berufliche Laufbahn zu zerstören, mich meines Lebensunterhalts zu berauben … mich von einem glücklichen, tätigen und einigermaßen nützlichen Mitglied der Gesellschaft zu einer gedemütigten Verdächtigen zu machen. … jetzt sehe ich mich – ohne eigenes Verschulden – ruiniert in einem Land, das ich liebe und dessen Staatsbürgerin zu werden ich gehofft hatte."*

Die eigentlichen Gründe für die Ablehnung werden ihr nicht gesagt: Ihre lesbischen Beziehungen, ihre unkonventionellen Ansichten über die Ehe, natürlich ihre politisch linke Einstellung. Im Lande von McCarthy und der Ausschüsse für unamerikanische Umtriebe ist Erika Mann nicht mehr gefragt. Sie gilt als gefährlich, als unamerikanisch, als kommunistische Agentin für Stalin. Und auch manche deutsche Zeitung übernimmt diese Einschätzung.

„Ich bin nur noch ein bleicher Nachlass-schatten"

Arbeit für den Vater und Bruder Autorin

Mitarbeiterin des Vaters

1949 ist ein schwarzes Jahr für Erika. Sie verliert ihren politischen, beruflichen und privaten Halt. Sie ist enttäuscht von der politischen Entwicklung in den USA und auch vom ausbleibenden wirklichen Neubeginn im Nachkriegsdeutschland. Ihre beruflichen Perspektiven haben sich wesentlich verschlechtert. Ihre Agentur löst mit Bedauern den Vertrag. Die Möglichkeit, hier genug Geld zu verdienen ist vorbei. Die private Katastrophe wird ausgelöst durch den Freitod des geliebten Bruders Klaus in Cannes am 21. Mai 1949, der seit Jahren abhängig ist von Haschisch, Kokain und Morphium.

„Wie ich leben soll, weiß ich noch nicht, weiß nur, dass ich muss." Sie lebt noch 20 Jahre, „war aber nie mehr dieselbe". Die jüngere Schwester Elisabeth erinnert sich, „dass Erika bei Klaus' Tod das Herz brach – dieser Verlust war für sie unerträglich, er traf sie schwerer als irgendetwas anderes im Leben." Sie wird zunehmend verbittert, oft aggressiv, ihr Gesundheitszustand ist sehr labil – sie verliert ihren Elan, ihre Visionen. Thomas Mann kommentiert ihre Veränderung: „ ... zuviel Charakter macht ungerecht."

Am 1. Februar 1948 fasst die Familie den Beschluss, dass Erika bei den Eltern bleibt, um zu werden, was schon Gewohnheit war: „Sekretärin, Lektorin ...".
Seit Jahren hat sie immer mehr Arbeiten für den Vater übernommen, begleitet ihn auf Vortragsreisen, übersetzt für ihn und studiert mit ihm seine Reden ein. Aber die Zuarbeit verändert sich seit Mitte der 40er Jahre: sie überarbeitet seine Essays, redigiert und ediert seine Romane.
Thomas Mann wird geradezu abhängig von ihr.
Er nennt sie in seinem Tagebuch seine „Sekretärin, Biographin, Nachlasshüterin, Tochter-Adjutantin."
Ihr Bruder Golo sieht Erika auch als dessen „Unterhalterin und Hofnärrin".
Sie selbst meint, sie sei „in Arbeit notdürftig geborgen".

Erika wendet Amerika den Rücken zu und ist die treibende Kraft, dass auch Thomas und Katia Mann 1952 nach Europa zurückkehren, zurück in die Fremde, in die Schweiz, nicht in das heimatliche München!

Als seit 1953 einige Romane von Thomas Mann verfilmt werden, spielt sie eine entscheidende Rolle als Drehbuchautorin und überwacht selbst die Dreharbeiten.
Sie hat, obwohl noch nicht 50, nicht mehr die Energie, noch einmal eine neue eigene Karriere an einem neuen Ort aufzubauen. Nach dem Tod des Bruders, noch mehr nach dem Tod des Vaters 1955 wird sie die engagierte Herausgeberin und Verwalterin des Werks von Vater und Bruder.

Neben ihren vielfältigen Tätigkeiten schreibt Erika sieben spannende Kinder- und Jugendbücher. In ihnen will sie einerseits aufklären, andererseits schlägt sie immer wieder die Brücke zu ihrem eigenen oder zum Leben der Mann-Familie.

„Warum ich Kinderbücher schreibe? Weil es mir Freude macht. Und warum macht es mir Freude? Weil ich selbst ziemlich kindisch bin. Will sagen: Was ich als Kind getan und erfahren, was mich damals beschäftigt, bewegt, belustigt, bezaubert, berührt oder geärgert hat, ist mir heute noch nah und verständlich. Ich kann es mir ‚nachfühlen‘ – manchmal besser und genauer als Erlebnisse, die ich gestern gehabt habe."

Mit ihrem Leben ist Erika nicht gerade sorgfältig umgegangen. Sie lebte in vollen Zügen, arbeitete und kämpfte mit Leidenschaft. Bis zum Ende verfolgte sie aufmerksam das politische Tagesgeschehen und „mischte sich ein":
1958 engagierte sie sich gegen die Atomversuche.
Sie bezog entschieden Stellung gegen das restaurative Deutschland Konrad Adenauers. Sie blieb misstrauisch gegen alle, die jemals dem Nationalsozialismus verbunden waren.

Mit vielen Krankheiten lebte sie in den letzten Jahren im Haus der Mutter in Kilchberg/Schweiz recht zurückgezogen, häufig ans Bett gefesselt – unterbrochen von Klinik- und Kuraufenthalten.

Am 27. August 1969 starb Erika Mann an einem Gehirntumor.

Biografie
Bibliografie

Conférencière
in der „Pfeffermühle"

Nach der Auto-Ralley
1931
mit dem gewonnenen
Ford-Zweisitzer

Biografie

1905	9. November: Geburt von **Erika** Julia Hedwig als erstes Kind von Katia und Thomas Mann in München
1906	18. November: Geburt von Erikas Lieblingsbruder **Klaus** Heinrich Thomas
1919	1. Januar: Gründung der Theatergruppe der „Herzogparkbande": LAIENBUND DEUTSCHER MIMIKER
1924	Abitur am Münchner Luisengymnasium

Karriere als Schauspielerin:

1924–32	Studium bei Max Reinhardt in Berlin Theater-Engagements in Berlin, Bremen, Frankfurt, Hamburg und Leipzig, in München an den Kammerspielen, am Volks-, Residenz- und Prinzregententheater
1926–29	Ehe mit Gustaf Gründgens
1927–28	Oktober 1927 bis Juli 1928: erste gemeinsame Weltreise mit Klaus

Karriere als Schriftstellerin und Reporterin:

1929	RUNDHERUM Das Abenteuer einer Weltreise
1931/1932	JAN'S WUNDERHÜNDCHEN STOFFEL FLIEGT ÜBERS MEER (Kinderbuch)
1932	13. Januar: Veranstaltung der Internationalen Frauenliga für Frieden und Freiheit (IFFF) mit dem Thema „Welt-Abrüstung und Welt-Untergang" in München: Erikas erster Auftritt mit politischem Engagement
	Hasskampagne des Völkischen Beobachters und anderer rechtsradikaler Blätter
Mai 1932	Freitod des engen Freundes Ricki Hallgarten

**Karriere als Kabarettistin,
Text- und Songschreiberin:**

1933	1. Januar: Premiere des ersten Programms der PFEFFERMÜHLE
	Februar: zweites Programm der PFEFFERMÜHLE
	13. März: Flucht Erikas in die Schweiz
	30. September: Wiedereröffnung der PFEFFERMÜHLE mit einem dritten Programm in Zürich
1933–36	Europa-Tournee der PFEFFERMÜHLE
1934	MUCK, DER ZAUBERONKEL (Kinderbuch)
	15. Juni: Ausbürgerung von Erika Mann, geschiedene Gründgens Am gleichen Tag durch „Passehe" mit dem englischen Lyriker W. H. Auden Erwerb der englischen Staatsbürgerschaft
1936	1. Februar: Bekenntnis Thomas Manns zur Emigrations-Literatur auf Drängen von Erika und Klaus
	14. August: private „Abschiedsvorstellung" der PFEFFERMÜHLE für Europa bei Max Reinhardt in der Nähe von Salzburg
	September: Aufbruch von Erika und Klaus mit der PFEFFERMÜHLE in die USA
1937	5. Januar: Premiere der PEPPERMILL am Broadway – totaler Misserfolg Ende Januar: Auflösung der PFEFFERMÜHLE

Karriere als „female lecturer"

1937–46	Politische Vortragsreisen in den USA
1938	SCHOOL FOR BARBARIANS Education under the Nazis ZEHN MILLIONEN KINDER Dokumentation über das Erziehungssystem der Nazis
	Juni: mit Klaus in Spanien Bericht vom Bürgerkrieg
1939	ESCAPE TO LIFE (gemeinsam mit Klaus), ein „Who is who im Exil" THE OTHER GERMANY (gemeinsam mit Klaus), über das „andere", nicht nationalsozialistische Deutschland
1940	THE LIGHTS GO DOWN Dokumentation über den „Alltag unterm Hakenkreuz"

Karriere als Korrespondentin, Kriegs- und Prozessberichterstatterin

1940–41	Jeweils August – Oktober: BBC-Korrespondentin
1943–45	Mit der 9. US-Armee Kriegsberichterstatterin in Nordafrika und im Nahen und Mittleren Osten, in Frankreich, Belgien, Deutschland
1945–46	Bei den Nürnberger Prozessen akkreditierte Korrespondentin für amerikanische Zeitungen
1946/1950	Antrag auf Einbürgerung in den USA nach vier Jahren Rücknahme des Antrags

Erika Mann
Kilchberg/Zürich
Am 28. Mai 1956

Nr. 1

Lieber Dr. Szczesny, -

sehr vielen Dank für Ihren Brief. Nun bin ich da
ein wenig leichtsinnig gewesen, habe mir das Arbeiten
der Maschine rascher vorgestellt als dies möglich, -
und, kurz, ich kann es mit den Daten nicht schaffen.
Jetzt, Anfang Juni, wäre es gegangen. Aber am 25.6.,
29.6. oder gar am 6.7. geht es nicht. Ich bin - eigent-
lich-zur Zeit schon, aber dann besonders - so in der Arbei
dass ich mir die anregende und vergnügliche Ablenkung,
wie das hocherfreuliche Wiedersehen mit Ihnen nicht
leisten kann. Ein Essayband meines Vaters ("Nachlese")
macht überraschend viel Mühe; zudem stecken gleich drei
Filme in den vor-Vorbereitungen, - wobei "Buddenbrooks"
und "Krull" schon abgeschlossen sind, während "Der Zauberberg", zwar noch ohne Kontrakt, aber desto lebhafter
geistert, - ich weiss nie, wo ich wann sein muss, was ich
wem abzuliefern habe, - und Sie sehen: ich kann mich
zusätzlich nicht binden.

Dabei scheinen beide Themen mir reizvoll und möglich-
keitenreich. Auch mit Marcuse, wie mit Witsch hätte ich
gern diskutiert. Was übrigens Herrn Sauer angeht, so
glaube ich mich sehr wohl zu erinnern, dass wir im Winter
miteinander telephoniert haben, - oder doch ich mit einem
seiner Angestellten - und dass ich sagte, eine Fernseh-
sendung über den "Zauberberg"-Film erscheine mir ver-
früht. Und wäre sie es nicht gewesen ? Ohnedies hat Siod-
mak mit seinen täglichen Wespenstichen in der Abendzei-
tung sehr viel Schaden angerichtet, und in jedem Fall bin
ich dagegen, dass man Hervorbringungen öffentlich diskutie
re, ehe auch nur ein i-Punkt von ihnen wirklich vorliegt.

Dass ich Ihnen diesmal absagen muss, ist mir umso be-
dauerlicher, als ja ich selbst es war, die bat, wieder
einmal bei Ihnen tätig sein zu dürfen. Nun, noch braucht
aller Tage Abend ja nicht gekommen zu sein, und vielleicht
geht es später einmal.

Herzlichst die Ihre:

Erika Mann

Karriere als Sekretärin, Lektorin und Nachlassverwalterin für Klaus und Thomas Mann

1947	Beginn des Boykotts als „lecturer" im Amerika des Kalten Krieges Zugleich Beginn der intensiven Zusammenarbeit mit dem Vater
1949	21. Mai: Freitod des Bruders Klaus in Cannes
1950	KLAUS MANN ZUM GEDÄCHTNIS
1952	Übersiedlung nach Erlenbach bei Zürich mit Katia und Thomas Mann Herausgeberin von Klaus Mann: DER WENDEPUNKT
1953–56	DIE ZUGVÖGEL 4 Bände einer Serie für Kinder
1953–59	Mitarbeit an den Verfilmungen mehrerer Romane von Thomas Mann (u. a. BUDDENBROOKS)
1954	Letzter Umzug Erikas mit der Familie nach Kilchberg/Schweiz
1955	12. August: Tod von Thomas Mann
1956	DAS LETZTE JAHR – BERICHT ÜBER MEINEN VATER
1961–69	Verwalterin und Herausgeberin des Nachlasses von Vater Thomas und Bruder Klaus Mann trotz vielfältiger schwerer Krankheiten
1962–65	Dreibändige Ausgabe der BRIEFE von Thomas Mann
1969	27. August: Tod von Erika Mann in Zürich nach monatelangem, schwerem Leiden
1972/76	Schenkung des Nachlasses von Klaus und Erika Mann an die Monacensia/München
2005	Benennung einer Straße nach Erika Mann im Arnulfpark in der Maxvorstadt
2006	Benennung eines Platzes nach Klaus Mann im Arnulfpark in der Maxvorstadt

Brief von Erika Mann an Gerhard Szczesny, Redakteur beim Bayerischen Rundfunk 1956

Erika Mann und Ruth Leuwerik bei Dreharbeiten zum Film „Königliche Hoheit"

Bibliografie

Veröffentlichungen von Erika Mann:

Jan´s Wunderhündchen
Ein Kinderstück in sieben Bildern
Berlin 1931

Stoffel fliegt übers Meer
Stuttgart 1932
München 1953
Neuauflage Hamburg 2005

Muck, der Zauberonkel
Basel 1934

Zehn Millionen Kinder
Die Erziehung im Dritten Reich
Amsterdam 1938
München 1989

School for Barbarians
Education under the Nazis
New York 1938

The Lights Go Down
New York 1940

A Gang of Ten
New York 1942

Wenn ich ein Zugvogel wär
München 1953-1955

Das letzte Jahr
Bericht über meinen Vater
Frankfurt am Main 1956
Taschenbuchausgabe Frankfurt am Main 1993

Die Zugvögel
Bern 1959

Erika Mann (Hrsg.)
Briefe (von Thomas Mann)
Band 1 (1889–1936)
Frankfurt am Main 1961
Band 2 (1937–1947)
Frankfurt am Main 1963
Band 3 (1948–1955)
Frankfurt am Main 1965

Zehn jagen Mr. X
Berlin 1990

Mein Vater, der Zauberer
Hrsg. von Irmela von der Lühe
und Uwe Naumann
Hamburg 1996

Blitze überm Ozean
Aufsätze, Reden, Reportagen
Hrsg. von Irmela von der Lühe und
Uwe Naumann
Hamburg 2001

Wenn die Lichter ausgehen
Geschichten aus dem Dritten Reich
Hamburg 2005

**Veröffentlichungen
von Erika Mann und Klaus Mann:**

Rundherum
Das Abenteuer einer Weltreise
Berlin 1929

Das Buch von der Riviera
Was nicht im „Baedeker" steht
München 1931

Escape to Life
Boston 1939

The Other Germany
New York 1940

Escape to Life
Deutsche Kultur im Exil
Hrsg. von Heribert Hoven
München 1991

Veröffentlichungen zu Erika Mann:

Curt Riess
Gustav Gründgens
Eine Biographie
Hamburg 1965

Eva Chrambach und Ursula Hummel
Erika und Klaus Mann
Bilder und Dokumente
Katalogbuch zur Ausstellung
München 1990

Helga Keiser-Hayne (Hrsg)
„Beteiligt euch, es geht um eure Erde"
Erika Mann und ihr politisches Kabarett
„Die Pfeffermühle" 1933-1937
München 1990

Hiltrud Häntzschel
Pazifistische Friedenshyänen
Jahrbuch der Deutschen
Schillergesellschaft
XXXVI. Jahrgang
Stuttgart 1992

Irmela von der Lühe
Erika Mann, Eine Biographie
Frankfurt/M 1993

Andrea Weiss
Flucht ins Leben
Die Erika und Klaus Mann-Story
Hamburg 2000

Armin Strohmeyr
Klaus Mann und Erika Mann
Les enfants terribles
Berlin 2000

Kirsten Jüngling und Brigitte Rossbeck
Katia Mann
Die Frau des Zauberers
Berlin 2004

Klaus Bäumler
Thomas Mann und der
„Protest der Richard-Wagner-Stadt
München" 1933
in: Dirk Heißerer (Hrsg.)
Thomas Mann in München II
München 2004

Viola Roggenkamp
Erika Mann
Eine jüdische Tochter
Zürich/Hamburg 2005

Brigitte Schuchard

Zur Eröffnung der Erika-Mann-Ausstellung
in der U-Bahn-Galerie am 21.11.2005
Erika Mann und die Internationale Frauenliga für Frieden und Freiheit

Was hat Erika Mann mit der Internationalen Liga der Frauen für Frieden und Freiheit (IFFF) zu tun?
Warum habe ich mich als Mitglied der Frauen-Liga für eine Erika-Mann-Ausstellung engagiert?

Von der Münchner Friedensbewegung in der Weimarer Republik ist im öffentlichen Gedächtnis kaum etwas hängengeblieben; vor allem die Spuren der Friedensbewegung der Frauen sind weitgehend verwischt, obwohl gerade München in den 20er Jahren das Zentrum der deutschen Frauen-Friedensbewegung war.
Von der Münchnerin Margarethe Eleonore SELENKA geht schon 1899 die erste internationale Friedensaktion von Frauen mit den ersten internationalen Friedensdemonstrationen aus.
1915 – während des ersten Weltkrieges – treffen sich unter größten Schwierigkeiten in Den Haag mehr als 1200 Frauen aus 12 Ländern zum ersten Frauen-Friedenskongress; es wird das Gründungsjahr der IFFF. Im April diesen Jahres (2005) sind acht Ligafrauen aus München – ganz ohne Schwierigkeiten – anlässlich des 90. Jahrestages wieder nach Den Haag gefahren und haben dort mit Frauen aus etwa vierzig Ländern – von Amerika über Ruanda bis Japan – den 90. Geburtstag der IFFF gefeiert.

Für die deutsche Gruppe der IFFF wird München der Mittelpunkt, und zwar aufgrund des Wohnortes der Mitgründerinnen Anita AUGSPURG, Lida Gustafa HEYMANN, Constanze HALLGARTEN – sie alle sind gebildete Vertreterinnen der Frauen-Friedensbewegung aus dem Großbürgertum.
Von der Gründung 1919 bis zum Verbot 1933 befindet sich das Zentralbüro im Leuchtenberg-Palais in der Ludwigstraße.

Erika Mann hat die Vorsitzende der Münchner Gruppe, Constanze Hallgarten, sehr gut gekannt. Sie ist die Mutter von Ricki Hallgarten, der zu den engsten Freunden von Erika und Klaus Mann gehört, der als kleiner Bub mit den Mann-Kindern im „Laienbund deutscher Mimiker" Theater spielt, der mit ihnen als Jugendlicher zur gefürchteten so genannten „Herzogpark-Bande" gehört. Vermutlich verbinden die Eltern Mann und Hallgarten nicht nur die Zugehörigkeit zum vermögenden und gebildeten Großbürgertum mit bester Adresse in Bogenhausen, sondern auch ähnliche Sorgen um ihre sehr liberal erzogenen und in Wohlstand aufwachsenden Kinder.
Constanze Hallgarten verstimmt den großen Dichter offensichtlich, als sie am 2. Internationalen Frauen-Friedenskongress in Zürich teilnimmt. Er schreibt am Palmsonntag 1919 in sein Tagebuch: „Albern, dass die kleine Frau Hallgarten als Frauen-Delegierte nach Bern geht. So ein elendes Köpfchen." Er hat auch gar nicht recht zugehört, sonst wüßte er, dass der Frauen-Friedenskongress in Zürich, nicht in Bern stattfindet. „Das Hirnchen" nennt er sie ein paar Tage danach.
Er begegnet ihr lieber bei Einladungen zu Tee und Hauskonzerten. Später, als die Nationalsozialisten stark wurden, wird er der Pazifistin mehr Respekt entgegenbringen.
Ein Teil der konservativen Münchner Gesellschaft schneidet jetzt die Hallgartens; manche Freundschaft wie die zu Mimi und Hans Pfitzner geht darüber zu Bruch.

1930 wird im VÖLKISCHEN BEOBACHTER gegen die zunehmenden öffentlichen Aktivitäten der IFFF gespottet: „An sich würde ja mit den Gerlachs, Tucholskys und Genossen unser pazifistischer Bedarf schon vollauf gedeckt sein. Aber Pazifismus und Feminismus, Völkerversöhnung und Frauenliga, das ist eine Strafe des Schicksals."
Die Liga-Frauen hatten z.B. 1927 unter der Federführung von Marie Zehetmaier und Constanze Hallgarten eine große Friedensausstellung in München erarbeitet, die auch in vielen anderen Städten gezeigt wird.
Schon im Frühjahr 1931 genügt es der rechten Presse nicht mehr, die Liga-Frauen mit Häme nur lächerlich zu machen, jetzt wird das „Nie-Wieder-Kriegsgeschrei wilder Weiber" als „gemeingefährliche Umtriebe" bezeichnet. In einem

Artikel mit den Untertiteln „Schwerreiche Jüdinnen machen in Pazifismus und Salonbolschewismus – Bayerische Prinzessinnen auf dem Aushängeschild des Ghettos von Bogenhausen" wird im VÖLKISCHEN BEOBACHTER massiv gegen die „internationalen Ligen unbeschäftigter Frauenzimmer" gehetzt.

Natürlich ist die Auffassung der Ligafrauen, Konflikte gewaltfrei zu lösen, für die militanten Nazis ein rotes Tuch. Natürlich ist sich Anita Augspurg der Gefahr bewusst, wenn sie 1931 in einem Vortrag formuliert, dass Krieg eine hilflose Form der Konfliktbewältigung darstelle und zuspitzt: „Nur wer feige ist, nimmt die Waffe in die Hand".

1932 ist auch Erika Mann in den sogenannten „Pazifisten-Skandal" in München verwickelt. Zur Vorbereitung der Weltabrüstungs-Konferenz in Genf am 2. Februar 1932 organisiert die IFFF in der ganzen Welt eine riesige Petitionsaktion mit der Losung „Der Krieg ist geächtet, deshalb fordern wir die Ächtung der Kriegsmittel". Die Liga sammelt bis zur Eröffnung über 8 Millionen Unterschriften. Auch in München veranstalten die Ligafrauen gemeinsam mit anderen Friedensorganisationen eine Kundgebung mit dem Thema „Weltabrüstung oder Weltuntergang". Sie laden dazu ins Hotel UNION in der Barer Straße ein – und etwa 1200 Menschen füllen den Saal. „Frauen, erscheint in Massen" wird auf dem Plakat aufgerufen und „Männer haben nur mit auf den Namen ausgestellten Eintrittskarten Zutritt" steht im Kleingedruckten. Und weil die Hauptorganisatorin Hallgarten eine Großbürgerliche ist, sitzen im Publikum bayerischer und deutscher Adel, Universitätsangehörige und hohe Geistliche, aber auch Vertreter der Angestellten, der Arbeiterschaft und Gewerkschaft. Hallgarten hat in weiser Voraussicht für diese illustre Münchner Gesellschaft Polizeischutz angefordert. Die Hauptrednerin, die französische Schriftstellerin Marcelle Capy, spricht über den internationalen Rüstungsfilz und den illegalen Waffenhandel. Sie zitiert Anatole France:
„Man glaubt, für das Vaterland zu sterben, aber man stirbt für die Rüstungsindustrie."

Danach rezitiert Erika Mann einen „LETZTER RUF" überschriebenen Artikel aus der pazifistischen Zeitung DEUTSCHE ZUKUNFT – es ist das Scenario eines Zerstörungskrieges, und sie schließt mit dem Appell: „Fordert von der Abrüstungskonferenz die allgemeine und totale Abrüstung!"

Am Ende entsteht vor dem Saal ein heftiger Tumult. Nazis versuchen mit Gummiknüppeln, Schlagringen und auch Schusswaffen die Tür einzudrücken – aber diesmal noch werden sie von Polizei verjagt. Tags darauf tobt die rechtsradikale Presse:
„Pazifistische Frechheiten der Internationalen Frauenliga" oder „Kultur- und Erziehungsblüten aus dem Hause Thomas Mann" – es wimmelt nur so von harten Beleidigungen der rechten Presse gegen die politischen Frauen: „Wilde Weiber", „degenerierte Halbwelt-Dämchen", „Hyänen", „Gänse", „Furien", „Schlangen", „Rotte unnützer Weiber", „Irrenhausanwärterinnen" „pervers", „gehirnerweicht", „hysterisch", „kastriert" ... „Pazifistische Friedenshyänen" werden sie in einem Gedicht im ILLUSTRIERTEN BEOBACHTER genannt. C. Hallgarten und Erika Mann klagen wegen übler Nachrede und Beleidigung, und die Schreiberlinge werden tatsächlich zu Geldstrafen verurteilt.

Für Erika, die die Bedrohung durch den Nationalsozialismus erst sehr spät ernst genommen hat, bedeutet dieser Skandal die Initialzündung für ihr anti-nationalsozialistisches Kabarett, die PFEFFERMÜHLE, und für ihre spätere Aufklärungsarbeit im amerikanischen Exil.
„Von jenem Abend an", sagt sie, „datiert mein Interesse für Politik, meine Überzeugtheit, daß man sich kümmern, sich beteiligen muss, und dass es rettungslos schiefgeht mit einer Demokratie, in der die Mehrheit der Jugend die ‚Politik' den Radaumachern überläßt..."
Als sie diese Worte 1937 sagt, hat sie sich allerdings vom pazifistischen Ansatz der Frauenliga ziemlich entfernt – sie will die amerikanischen Zuhörer vor einem nun tatsächlich nicht mehr angemessenen Appeasement gegenüber Hitler warnen. Bis zum Kriegsbeginn ruft sie immerwährend zum Kampf gegen den Nationalsozialismus auf. Erika und Klaus ziehen auch für sich persönlich die Konsequenzen und treten 1943 in die US-Army ein, Klaus als Soldat, Erika als Kriegsberichterstatterin.

Dass die Friedensbewegung, insbesondere auch die IFFF, lange vor 1933 Widerstand gegen die demokratiefeindlichen Elemente in der Weimarer Republik leistete, nicht nur verbal, sondern mit vielen Aktionen, sollte mehr im öffentlichen Bewusstsein und in der Geschichtsschreibung verankert werden.

Was ist aus den Pazifistinnen geworden? Anita Augspurg und Lida Gustafa Heymann waren im Januar 1933 wie die Manns gerade auf einer Auslandsreise und kehrten aus der Schweiz nicht zurück – man hatte ihnen gesagt, dass sie auf der Todesliste der Nazis stünden. Beide starben dort verarmt 1943. Auch Constanze Hallgarten floh über die Schweiz nach Frankreich und 1940 weiter nach Amerika. Andere gingen in den Untergrund, manche wurden verhaftet. Constanze Hallgarten kehrt nach dem Krieg nach München zurück und engagiert sich erneut in der Friedensbewegung.

Mein besonderer Dank geht an Irmgard Schmidt für die außergewöhnlich gute Zusammenarbeit für diese Ausstellung. Es war wirklich nicht nur Arbeit und Mühe, sondern Freude und Bereicherung.

München, 21. November 2005

Brigitte Schuchard
Münchner Gruppe der Internationalen Frauenliga
für Frieden und Freiheit

Bezirksausschuss Maxvorstadt
(Hrsg.)
„Beteiligt euch es geht um eure Erde"
Dokumentation der
Erika-Mann-Ausstellung in der
U-Bahn-Galerie München

ISBN 978-3-00-022375-4

Impressum

Die Broschüre dokumentiert das Projekt einer Ausstellung, die der Bezirksausschuss München Maxvorstadt anlässlich der Straßenbenennung für Erika Mann im neuen Quartier Arnulfpark in München und anlässlich ihres 100. Geburtstages am 9.11.2005 in Zusammenarbeit mit der Internationalen Frauenliga für Frieden und Freiheit (IFFF) und dem Münchner Luisengymnasium im November 2005 in der U-Bahn-Galerie des BA 3 durchgeführt hat.

Initiative: Klaus Bäumler, Vorsitzender BA 3
Konzeption: Irmgard Schmidt, Frauenbeauftragte BA 3
Bildauswahl, Auswahl der Zitate und Text: Brigitte Schuchard (IFFF) und Irmgard Schmidt
Fachberatung Ausstellung: Sonja Weiler

Herausgegeben vom
Bezirksausschuss Maxvorstadt,
Tal 13, 80331 München
Redaktion: Irmgard Schmidt
Gestaltung und Layout: Franz Schiermeier

Wir danken
der Monacensia, Literaturarchiv und Bibliothek (Institut der Münchner Stadtbibliothek) für Fotos und Dokumente, der Universitätsbibliothek der LMU für Leihgaben zur Ausstellung. Professor Dr. Frido Mann für die Erlaubnis zur Veröffentlichung der persönlichen Dokumente in der U-Bahn-Galerie, dem Archiv des Bayerischen Rundfunks für gewährte Unterstützung, Frau Monika Shah und den Schülerinnen des Münchner Luisengymnasiums für die Mitarbeit bei der Recherche.
Und wir danken der Vivico Real Estate, die die Realisierung dieser Broschüre ermöglicht hat.

München, im Juli 2007